7·9급 시험을 준비하는 수험생을 위한 **최적의**

신(神)의 한 수
한자편

2022 혜원국어

신의 한 수 필살기
한자야~
너 이렇게 쉬운 애였니?
한자 울렁증 타파

고혜원 편저

20시간 초단기 완성

📋 **일일 암기장**

📖 20시간 초단기 완성 한자 1600선
(한자/한자성어/한자어)

📖 기초 한자 1800선

도서
출판 **오스틴북스**

목차
CONTENTS

PART 01 | 한자(漢字) 20시간 초단기 완성

제 1 강	20시간 초단기 완성 한자 1600선	6
제 2 강	20시간 초단기 완성 한자 1600선	7
제 3 강	20시간 초단기 완성 한자 1600선	8
제 4 강	20시간 초단기 완성 한자 1600선	9
제 5 강	20시간 초단기 완성 한자 1600선	10
제 6 강	20시간 초단기 완성 한자 1600선	11
제 7 강	20시간 초단기 완성 한자 1600선	12
제 8 강	20시간 초단기 완성 한자 1600선	13
제 9 강	20시간 초단기 완성 한자 1600선	14
제10강	20시간 초단기 완성 한자 1600선	15
제11강	20시간 초단기 완성 한자 1600선	16
제12강	20시간 초단기 완성 한자 1600선	17
제13강	20시간 초단기 완성 한자 1600선	18
제14강	20시간 초단기 완성 한자 1600선	19
제15강	20시간 초단기 완성 한자 1600선	20
제16강	20시간 초단기 완성 한자 1600선	21
제17강	20시간 초단기 완성 한자 1600선	22
제18강	20시간 초단기 완성 한자 1600선	23
제19강	20시간 초단기 완성 한자 1600선	24
제20강	20시간 초단기 완성 한자 1600선	25

PART 02

기초 한자 1800선

기초 한자 1800선 ·· 28

신(神)의 한 수 한자편

★ PART ★
01

제 1 강 20시간 초단기 완성 한자 1600선
제 2 강 20시간 초단기 완성 한자 1600선
제 3 강 20시간 초단기 완성 한자 1600선
제 4 강 20시간 초단기 완성 한자 1600선
제 5 강 20시간 초단기 완성 한자 1600선
제 6 강 20시간 초단기 완성 한자 1600선
제 7 강 20시간 초단기 완성 한자 1600선
제 8 강 20시간 초단기 완성 한자 1600선
제 9 강 20시간 초단기 완성 한자 1600선
제10강 20시간 초단기 완성 한자 1600선

제11강 20시간 초단기 완성 한자 1600선
제12강 20시간 초단기 완성 한자 1600선
제13강 20시간 초단기 완성 한자 1600선
제14강 20시간 초단기 완성 한자 1600선
제15강 20시간 초단기 완성 한자 1600선
제16강 20시간 초단기 완성 한자 1600선
제17강 20시간 초단기 완성 한자 1600선
제18강 20시간 초단기 완성 한자 1600선
제19강 20시간 초단기 완성 한자 1600선
제20강 20시간 초단기 완성 한자 1600선

20시간 초단기 완성
한자 1600선

1 한자

木 나무 목	本 근본 본	末 끝 말	未 아닐 미	味 맛 미	昧 어두울 매	寐 잠잘 매	來 올 래	麥 보리 맥	束 묶을 속
速 빠를 속	策 꾀 책	目 눈 목	見 볼 견/뵈올 현	現 나타날 현	示 보일 시	視 볼 시	看 볼 간	相 서로 상	想 생각 상
心 마음 심	必 반드시 필	禾 벼 화	和 화목할 화	私 사사로울 사	利 이로울 리	梨 배나무 리	秀 빼어날 수	誘 꾈 유	透 통할 투

2 한자성어

未曾有	未嘗不	彌縫策	白眼視	拔本塞源
前代未聞	前人未踏	寤寐不忘	輾轉不寐	輾轉反側
捲土重來	苦盡甘來	興盡悲來	束手無策	欲速不達
糊口之策	窮餘之策	苦肉之策	目不識丁	目不忍見
見物生心	見利思義	刮目相對	相扶相助	同病相憐
作心三日	和而不同	先公後私	滅私奉公	麥秀之嘆

3 한자어

未收	未遂	米壽	示唆	時事
試寫	現象	現像	現狀	懸賞
心思	深思	審査	必須	必需
私有	思惟	事由	俊秀	遵守

한자 1600선

1 한자

土 흙 토	王 임금 왕	玉 구슬 옥	主 주인 주	注 물 댈 주	柱 기둥 주	住 살 주	往 갈 왕	足 발/만족 족	走 달릴 주
去 갈 거	法 법 법	却 물리칠 각	脚 다리 각	至 이를 지	致 이를 치	到 이를 도	倒 넘어질 도	室 집 실	屋 집 옥
老 늙을 로	考 생각할 고	孝 효도 효	者 놈 자	著 나타날 저	暑 더울 서	署 관청 서	緖 실마리 서	都 도읍 도	奢 사치할 사

2 한자성어

積土成山	金枝玉葉	金科玉條	仙姿玉質	主客顚倒
本末顚倒	客反爲主	膠柱鼓瑟	右往左往	說往說來
鳥足之血	畫蛇添足	安分知足	東奔西走	夜半逃走
走馬看山	走馬加鞭	見危致命	言行一致	共倒同亡
抱腹絕倒	偕老同穴	反哺之孝	深思熟考	近墨者黑
麻中之蓬	角者無齒	結者解之	盲者正門	會者定離

3 한자어

主意	主義	注意	主事	注射
酒邪	注文	呪文	競走	傾注
到着	倒錯	罵倒	賣渡	思考
事故	史庫	首都	水道	修道

1 한자

水 물 수	氷 얼음 빙	永 길 영	泳 헤엄칠 영	詠 읊을 영	求 구할 구	救 구원할 구	球 공 구	綠 푸를 록	錄 기록할 록
剝 벗길 박	緣 인연 연	白 흰/아뢸 백	百 일백 백	伯 맏 백	泊 배 댈 박	迫 닥칠 박	宿 잘 숙	縮 줄일 축	泉 샘 천
線 줄 선	羽 깃 우	習 익힐 습	翁 늙은이 옹	雨 비 우	雪 눈 설	雲 구름 운	雷 우레 뢰	電 번개 전	霜 서리 상

2 한자성어

白眉	水魚之交	氷炭之間	氷姿玉質	如履薄氷
吟風詠月	緣木求魚	刻舟求劍	綠衣紅裳	白面書生
白雲孤飛	百發百中	百年河清	百年大計	一罰百戒
伯仲之勢	伯牙絕絃	伯樂一顧	泉石膏肓	積羽沈舟
塞翁之馬	雨後竹筍	雪上加霜	螢雪之功	望雲之情
靑雲之志	浮雲之志	雲泥之差	附和雷同	東家食西家宿

3 한자어

水上	手相	首相	受賞	殊常
隨想	救命	究明	救助	構造
錄音	綠陰	習得	拾得	雨水
憂愁	優秀	電波	全破	傳播

1 한자

又 또 우	反 돌이킬 반	返 돌아올 반	飯 밥 반	板 널빤지 판	版 판목 판
才 재주 재	材 재목 재	支 지탱할 지	技 재주 기		
枝 가지 지	友 벗 우	左 왼 좌	右 오른 우	若 같을 약	有 있을 유
存 있을 존	在 있을 재	自 스스로 자	息 쉴 식		
臭 냄새 취	鼻 코 비	面 낯 면	首 머리 수	道 길 도	導 이끌 도
耳 귀 이	恥 부끄러워할 치	取 취할 취	最 가장 최		

2 한자성어

如反掌	賊反荷杖	反面敎師	他山之石	十匙一飯
蓋世之才	棟梁之材	支離滅裂	竹馬故友	莫逆之友
左之右之	左衝右突	左顧右眄	傍若無人	明若觀火
有備無患	鷄卵有骨	言中有骨	自畫自讚	自繩自縛
登高自卑	姑息之計	口尙乳臭	吾鼻三尺	首丘初心
首鼠兩端	馬耳東風	牛耳讀經	不恥下問	厚顔無恥

3 한자어

題材	制裁	支援	志願	支院
技術	記述	技能	機能	技士
騎士	記事	公有	共有	偏在
遍在	脫臭	奪取	引導	引渡

1 한자

爪 손톱 조	瓜 오이 과	子 아들 자	孑 외로울 혈	孤 외로울 고	女 계집 녀	好 좋을 호	字 글자 자	安 편안할 안	案 책상 안
妥 온당할 타	受 받을 수	授 줄 수	愛 사랑 애	援 도울 원	緩 느릴 완	采 풍채 채	採 캘 채	菜 나물 채	彩 채색 채
爭 다툴 쟁	淨 맑을 정	爲 할 위	僞 거짓 위	馬 말 마	鳥 새 조	烏 까마귀 오	鳴 울 명	嗚 탄식할 오	島 섬 도

2 한자성어

亡子計齒	子子單身	孤立無援	孤掌難鳴	甲男乙女
善男善女	好衣好食	好事多魔	識字憂患	安貧樂道
居安思危	擧案齊眉	微吟緩步	薄酒山菜	骨肉相爭
犬兔之爭	蚌鷸之爭	蝸角之爭	指鹿爲馬	無所不爲
犬馬之勞	南船北馬	一石二鳥	如鳥數飛	傷弓之鳥
烏飛梨落	烏合之卒	鷄鳴狗盜	春雉自鳴	瓜田不納履

3 한자어

瓜年	過年	課年	嗜好	記號
好戰	好轉	受容	收容	收用
手用	採用	債用	共鳴	公明
功名	空名	悲鳴	碑銘	非命

1 한자

大 큰 대	太 클 태	天 하늘 천	夭 어릴 요	妖 예쁠 요	笑 웃을 소	呑 삼킬 탄	千 일천 천	舌 혀 설	活 살 활
話 이야기 화	舍 집 사	捨 버릴 사	余 나 여	餘 남을 여	除 덜 제	敍 펼 서	途 길 도	塗 진흙 도	夫 지아비 부
扶 도울 부	失 잃을 실	矢 화살 시	疾 병/빠를 질	嫉 시기할 질	知 알 지	智 지혜 지	短 짧을 단	豆 콩 두	頭 머리 두

2 한자성어

嚆矢	破天荒	大同小異	小貪大失	針小棒大
太平煙月	坐井觀天	驚天動地	天衣無縫	天壤之差
笑裏藏刀	甘呑苦吐	千載一遇	千慮一失	千慮一得
捨生取義	前途洋洋	前途遙遠	日暮途遠	道聽塗說
塗炭之苦	一敗塗地	煙霞痼疾	知彼知己	龍頭蛇尾
去頭截尾	徹頭徹尾	百尺竿頭	羊頭狗肉	盡人事待天命

3 한자어

天命	天明	闡明	擅名	通話
通貨	解除	解題	夫人	婦人
否認	扶養	浮揚	失期	失機
實技	實記	知覺	遲刻	地殼

1 한자

寸 마디 촌	村 마을 촌	守 지킬 수	付 줄 부	附 붙을 부	符 부신 부
府 관청 부	腐 썩을 부	討 칠 토	對 대할 대		
射 쏠 사	謝 사례할 사	車 수레 차/거	軍 군사 군	連 이을 련	運 돌 운
專 오로지 전	傳 전할 전	轉 구를 전	團 둥글 단		
寺 절 사	時 때 시	詩 시 시	待 기다릴 대	持 가질 지	特 특별할 특
等 무리 등	得 얻을 득	碍 거리낄 애	壽 목숨 수		

2 한자성어

寸鐵殺人	守株待兔	牽强附會	名實相符	切齒腐心
換腐作新	射石爲虎	射魚指天	車載斗量	前車可鑑
前車覆轍	覆車之戒	螳螂拒轍	獨不將軍	孤軍奮鬪
以心傳心	敎外別傳	不立文字	心心相印	拈華微笑
名不虛傳	轉禍爲福	心機一轉	時機尚早	晚時之歎
鶴首苦待	一擧兩得	自業自得	壽福康寧	萬壽無疆

3 한자어

保守	報酬	補修	對峙	對置
代置	感謝	監査	監事	鑑査
運命	殞命	專用	轉用	專貰
傳貰	戰勢	維持	有志	遺志

1 한자

生	性	姓	星	靑	淸	晴	請	情	精
날 생	성품 성	성 성	별 성	푸를 청	맑을 청	갤 청	청할 청	뜻 정	정밀할 정

靜	貝	敗	財	貯	責	債	積	績	買
고요할 정	조개 패	패할 패	재물 재	쌓을 저	맡을 책	빚 채	쌓을 적	실 낳을 적	살 매

賣	讀	續	貴	遺	遣	貫	實	貿	質
팔 매	읽을 독	이을 속	귀할 귀	남길 유	보낼 견	꿸 관	열매 실	무역할 무	바탕 질

2 한자성어

九死一生	各自圖生	焉敢生心	後生可畏	後生角高
生寄死歸	醉生夢死	草露人生	乾木水生	靑出於藍
靑天霹靂	靑山流水	萬古常靑	博而不精	風樹之嘆
積小成大	水滴穿石	晝耕夜讀	狗尾續貂	貴鵠賤鷄
道不拾遺	養虎遺患	遺臭萬年	流芳百世	初志一貫
始終一貫	一以貫之	有名無實	以實直告	水清無大魚

3 한자어

感情	憾情	鑑定	安定	安靜
眞正	眞情	陳情	鎭靜	連敗
連霸	解讀	解毒	害毒	存續
尊屬	實名	失名	失命	失明

1 한자

立 설 립	位 자리 위	音 소리 음	意 뜻 의	竟 마칠 경	境 지경 경	鏡 거울 경	産 낳을 산	章 글 장	障 막을 장
童 아이 동	里 마을 리	埋 묻을 매	理 다스릴 리	裏 속 리	重 무거울/거듭 중	動 움직일 동	種 씨 종	衝 부딪칠 충	辛 매울 신
辨 분별할 변	辯 말 잘할 변	幸 다행 행	報 갚을/알릴 보	服 옷 복	腹 배 복	複 겹칠 복	復 회복할 복 다시 부	覆 엎을 복	履 밟을 리

2 한자성어

立身揚名	尸位素餐	得意滿面	意氣揚揚	意氣銷沈
漸入佳境	明鏡止水	鏡花水月	樵童汲婦	張三李四
匹夫匹婦	五里霧中	鵬程萬里	一瀉千里	表裏不同
輕擧妄動	千辛萬苦	魚魯不辨	菽麥不辨	懸河之辯
結草報恩	因果應報	陰德陽報	盡忠報國	面從腹背
口蜜腹劍	鼓腹擊壤	口腹之累	重言復言	覆水不返盆

3 한자어

意志	依支	童謠	動搖	童話
動畫	同化	埋藏	埋葬	賣場
管理	官吏	動機	同氣	同期
冬期	復讐	複數	履行	移行

20시간 초단기 완성
한자 1600선

1 한자

田 밭 전	因 인할 인	男 사내 남	思 생각 사	恩 은혜 은	共 함께 공	洪 넓을 홍	供 이바지할 공	恭 공손할 공	異 다를 이
由 말미암을 유	油 기름 유	抽 뽑을 추	推 밀 추/퇴	唯 오직 유	惟 생각할 유	維 벼리 유	進 나아갈 진	集 모을 집	離 떠날 리
曲 굽을 곡	豊 풍년 풍	禮 예도 례	體 몸 체	辰 별 진/신	晨 새벽 신	農 농사 농	脣 입술 순	無 없을 무	舞 춤출 무

2 한자성어

我田引水	田夫之功	桑田碧海	滄海桑田	滄桑世界
滄海一粟	男負女戴	易地思之	背恩忘德	天人共怒
不共戴天	兄友弟恭	敬而遠之	由我之歎	與世推移
唯我獨尊	進退維谷	進退兩難	曲學阿世	九曲肝腸
不問曲直	盤溪曲徑	迂餘曲折	物我一體	絶體絶命
昏定晨省	丹脣皓齒	脣亡齒寒	前無後無	一切唯心造

3 한자어

意思	義士	醫師	異常	異狀
理想	以上	異性	理性	邁進
賣盡	婉曲	緩曲	失禮	實例
無故	無告	無辜	誣告	舞鼓

1 한자

古 옛 고	故 연고 고	做 지을 주	苦 쓸 고	固 굳을 고	士 선비 사	志 뜻 지	吉 길할 길	結 맺을 결	喜 기쁠 희
事 일 사	筆 붓 필	律 법 률	書 글 서	晝 낮 주	盡 다할 진	畫 그림 화	劃 그을 획	中 가운데 중	忠 충성 충
患 근심 환	央 가운데 앙	映 비출 영	英 꽃부리 영	決 결정할 결	缺 이지러질 결	漢 한나라/놈 한	難 어려울 난	嘆 탄식할 탄	歎 탄식할 탄

2 한자성어

今古一般	法古創新	溫故知新	萬古風霜	艱難辛苦
同苦同樂	一喜一悲	事半功倍	食少事煩	多事多難
一筆揮之	二律背反	晝夜長川	不撤晝夜	晝思夜度
一網打盡	吐盡肝膽	畫中之餠	自中之亂	囊中取物
囊中之錐	鐵中錚錚	群鷄一鶴	暗中摸索	釜中生魚
杯中蛇影	忠言逆耳	難兄難弟	莫上莫下	能書不擇筆

3 한자어

最古	最高	催告	故事	考査
告祀	枯死	固辭	姑捨	行事
行使	檢事	檢査	劍士	忠實
充實	映畫	榮華	決定	結晶

Day 12

20시간 초단기 완성
한자 1600선

1 한자

七 일곱 칠	刀 칼 도	切 끊을 절 모두 체	色 빛 색	絕 끊을 절	免 면할 면	晚 늦을 만	勉 힘쓸 면	兔 토끼 토	逸 달아날 일
八 여덟 팔	公 공평할 공	分 나눌 분	貧 가난할 빈	寡 적을 과	谷 골 곡	俗 풍속 속	欲 하고자 할 욕	慾 욕심 욕	容 얼굴 용
益 더할 익	溢 넘칠 일	羊 양 양	洋 큰 바다 양	詳 자세할 상	美 아름다울 미	善 착할 선	差 다를 차	着 붙을 착	養 기를 양

2 한자성어

七顚八起	七顚八倒	七縱七擒	快刀亂麻	切磋琢磨
草綠同色	傾國之色	刻苦勉勵	兔死狗烹	兔營三窟
兔死狐悲	無事安逸	八方美人	內富外貧	貧而無怨
衆寡不敵	兩寡分悲	同聲異俗	花容月態	雪膚花容
益者三友	徒勞無益	多岐亡羊	亡羊補牢	亡羊之歎
望洋之歎	美人薄命	勸善懲惡	自家撞着	氷炭不相容

3 한자어

切望	絕望	辭免	赦免	公布
空砲	恐怖	風俗	風速	寬容
慣用	官用	詳述	上述	商術
先行	善行	善戰	宣戰	宣傳

1 한자

工 장인 공	江 강 강	紅 붉을 홍	功 공 공	攻 칠 공	空 빌 공	恐 두려울 공	貢 바칠 공	項 목 항	經 지날/글 경
輕 가벼울 경	徑 지름길 경	式 법 식	試 시험할 시	識 알 식 기록할 지	職 벼슬 직	織 짤 직	代 대신할 대	伐 칠 벌	我 나 아
義 옳을 의	儀 거동 의	議 의논할 의	成 이룰 성	城 성 성	誠 정성 성	盛 성할 성	咸 다 함	減 덜 감	感 느낄 감

2 한자성어

漢江投石	千紫萬紅	紅爐點雪	空理空論	卓上空論
赤手空拳	猫項懸鈴	經國濟世	一字無識	博學多識
寡聞淺識	老馬識途	十伐之木	吾不關焉	大義名分
大義滅親	干名犯義	大器晩成	殺身成仁	弄假成眞
因人成事	孤城落日	干城之材	崩城之痛	至誠感天
咸興差使	隔世之感	今昔之感	感慨無量	家和萬事成

3 한자어

加工	架空	可恐	經緯	涇渭
警衛	樣式	洋式	洋食	糧食
養殖	意識	儀式	衣食	正義
定義	情誼	會議	會意	懷疑

1 한자

日 날 일	月 달 월	朋 벗 붕	明 밝을 명	盟 맹세할 맹
早 일찍 조	卓 높을 탁	草 풀 초	朝 아침 조	潮 밀물 조
嘲 비웃을 조	直 곧을 직	値 값 치	置 둘 치	植 심을 식
骨 뼈 골	滑 미끄러울 활	過 지날 과	禍 재앙 화	向 향할 향
尚 오히려 상	常 항상 상	堂 집 당	當 마땅할 당	黨 무리 당
掌 손바닥 장	裳 치마 상	賞 상 줄 상	償 갚을 상	商 장사 상

2 한자성어

日就月將	十日之菊	風月主人	康衢煙月	燈下不明
喪明之痛	三顧草廬	草根木皮	綠楊芳草	朝變夕改
朝令暮改	朝三暮四	朝名市利	命在朝夕	命在頃刻
刻骨難忘	白骨難忘	換骨奪胎	粉骨碎身	髀肉之嘆
改過遷善	改過不吝	招搖過市	遠禍召福	黨同伐異
同價紅裳	堂狗風月	論功行賞	信賞必罰	嘗糞之徒

3 한자어

日程	一定	朝廷	措定	調整
調停	朝會	照會	災禍	才華
財貨	載貨	志向	指向	非常
飛上	飛翔	感想	感傷	鑑賞

20시간 초단기 완성
한자 1600선

1 한자

夕 저녁 석	外 바깥 외	多 많을 다	移 옮길 이	夢 꿈 몽	夜 밤 야	衣 옷 의	依 의지할 의	制 억제할 제	製 지을 제
名 이름 명	銘 새길 명	各 각각 각	客 손님 객	格 격식 격	略 다스릴 략	落 떨어질 락	路 길 로	露 이슬/드러낼 로	賂 뇌물 뢰
閣 집 각	門 문 문	問 물을 문	聞 들을 문	間 사이 간	開 열 개	閉 닫을 폐	夏 여름 하	憂 근심 우	優 넉넉할 우

2 한자성어

杞憂	外柔內剛	多多益善	愚公移山	同牀異夢
一場春夢	南柯一夢	胡蝶之夢	盧生之夢	錦衣夜行
錦衣還鄉	以夷制夷	沈魚落雁	落膽喪魂	魂飛魄散
風餐露宿	藏頭露尾	沙上樓閣	空中樓閣	門前成市
門前雀羅	耕當問奴	東問西答	不問曲直	聞一知十
夏爐冬扇	夏葛冬裘	夏蟲疑氷	先憂後樂	內憂外患

3 한자어

有名	幽明	明文	名文	名門
名聞	銘文	門戶	文豪	拷問
顧問	古文	開設	改設	概說
閉止	廢止	廢紙	制約	製藥

1 한자

火 불 화	炎 불꽃 염	淡 맑을 담	談 말씀 담	秋 가을 추	愁 시름 수	灰 재 회	炭 숯 탄	石 돌 석	拓 넓힐 척 박을 탁
然 그럴 연	祭 제사 제	際 사이 제	察 살필 찰	登 오를 등	證 증거 증	發 필 발	廢 폐할 폐	皮 가죽 피	彼 저 피
被 입을 피	披 헤칠 피	破 깨뜨릴 파	波 물결 파	虎 범 호	虛 빌 허	處 곳 처	鹿 사슴 록	麗 고울 려	慶 경사 경

2 한자성어

風前燈火	燈火可親	炎凉世態	一日三秋	一葉知秋
桂玉之愁	金石盟約	下石上臺	玉石混淆	以卵擊石
家無擔石	浩然之氣	茫然自失	啞然失色	泰然自若
一目瞭然	一望無際	一觸卽發	夜行被繡	破竹之勢
波瀾萬丈	騎虎之勢	狐假虎威	三人成虎	暴虎馮河
前虎後狼	中原逐鹿	弄瓦之慶	弄璋之慶	苛政猛於虎

3 한자어

火傷	化象	畫像	畫商	火葬
化粧	消火	消化	炎症	厭症
弄談	濃淡	鄕愁	享壽	享受
香水	發展	發電	慶事	傾斜

1 한자

亡 망할 망	忘 잊을 망	妄 망령될 망	盲 눈멀 맹	忙 바쁠 망	望 바랄 망	方 모 방	防 막을 방	放 놓을 방	傍 곁 방
交 사귈 교	校 학교 교	較 견줄 교	效 본받을 효	言 말씀 언	信 믿을 신	作 지을 작	詐 속일 사	化 될 화	花 꽃 화
貨 재물 화	貸 빌릴 대	賃 품삯 임	北 북녘 북 달아날 배	背 등 배	比 견줄 비	批 비평할 비	皆 모두 개	階 섬돌 계	傾 기울 경

2 한자성어

戀戀不忘	發憤忘食	群盲撫象	得隴望蜀	衆口難防
凍足放尿	袖手傍觀	眼下無人	管鮑之交	刎頸之交
金蘭之交	芝蘭之交	膠漆之交	斷金之交	桑麻之交
巧言令色	有口無言	言語道斷	磨斧作針	橘化爲枳
花朝月夕	錦上添花	泰山北斗	背水之陣	比比有之
萬頃蒼波	傾蓋如舊	權不十年	花無十日紅	死後藥方文

3 한자어

方位	防圍	防衛	防火	放火
校訂	校正	校庭	矯正	造作
操作	詐欺	士氣	沙器	事記
史記	造花	造化	弔花	調和

20시간 초단기 완성
한자 1600선

1 한자

止 그칠 지	步 걸음 보	涉 건널 섭	井 우물 정	正 바를 정	政 정사 정
整 가지런할 정	症 증세 증	定 정할 정	是 옳을 시		

提 끌 제	題 제목 제	林 수풀 림	森 빽빽할 삼	禁 금할 금	楚 초나라 초
礎 주춧돌 초	疑 의심할 의	從 좇을 종	縱 늘어질 종		

牛 소 우	勿 말 물	物 물건 물	告 알릴 고	造 지을 조	先 먼저 선
洗 씻을 세	角 뿔 각	解 풀 해	懈 게으를 해		

2 한자성어

看雲步月	邯鄲之步	邯鄲之夢	渴而穿井	井底之蛙
以管窺天	管中窺豹	事必歸正	公明正大	破邪顯正
改善匡正	蓋棺事定	是是非非	似是而非	是非曲直
酒池肉林	四面楚歌	間於齊楚	類類相從	九牛一毛
矯角殺牛	矯枉過直	過猶不及	吳牛喘月	吳越同舟
先見之明	互角之勢	解衣推食	五十步百步	雲從龍風從虎

3 한자어

中止	中指	衆智	步調	補助
正體	停滯	不正	不定	否定
不淨	不貞	提唱	齊唱	告示
考試	先發	選拔	理解	利害

1 한자

己 몸 기	記 기록할 기	紀 벼리 기	忌 꺼릴 기	起 일어날 기
改 고칠 개	弓 활 궁	引 끌 인	强 강할 강	弱 약할 약
弟 아우 제	第 차례 제	單 홑 단	彈 탄알 탄	戰 싸움 전
充 채울 충	統 거느릴 통	育 기를 육	棄 버릴 기	兄 형 형
況 하물며 황	脫 벗을 탈	稅 세금 세	說 말씀 설/달랠 세 기쁠 열	設 베풀 설
投 던질 투	役 부릴 역	疫 전염병 역	度 법도 도 헤아릴 탁	渡 건널 도

2 한자성어

知己之友	博覽强記	護疾忌醫	起死回生	驚弓之鳥
弱肉强食	自强不息	强近之親	弱馬卜重	單刀直入
對牛彈琴	明珠彈雀	山戰水戰	速戰速決	戰戰兢兢
臨戰無退	鯨戰蝦死	汗牛充棟	自暴自棄	語不成說
橫說竪說	名論卓說	甘言利說	他尙何說	街談巷說
流言蜚語	以卵投石	意氣投合	置之度外	一擧手一投足

3 한자어

時期	時機	猜忌	起牀	氣象
氣像	奇想	改善	改選	凱旋
强度	剛度	强盜	强化	講和
弱冠	約款	投棄	投機	妬忌

1 한자

| 毛 털 모 | 尾 꼬리 미 | 戶 집 호 | 房 방 방 | 扁 납작할 편 | 篇 책 편 | 編 엮을 편 | 偏 치우칠 편 | 遍 두루 편 | 斤 도끼 근 |

| 斥 물리칠 척 | 近 가까울 근 | 折 꺾을 절 | 斬 벨 참 | 新 새 신 | 親 친할 친 | 斷 끊을 단 | 訴 하소연할 소 | 所 바 소 | 啓 열 계 |

| 長 길 장 | 張 베풀 장 | 髮 터럭 발 | 豕 돼지 시 | 家 집 가 | 蒙 어리석을 몽 | 逐 쫓을 축 | 象 코끼리 상 | 像 모양 상 | 豫 미리 예 |

2 한자성어

尾生之信	千篇一律	韋編三絶	手不釋卷	不偏不黨
近墨者黑	麻中之蓬	九折羊腸	百折不屈	泣斬馬謖
臥薪嘗膽	肝膽相照	四顧無親	優柔不斷	一刀兩斷
斷機之戒	罔知所措	十目所視	衆人環視	敎學相長
長幼有序	乘勝長驅	絶長補短	虛張聲勢	危機一髮
累卵之危	遼東之豕	家徒壁立	上漏下濕	三旬九食

3 한자어

近間	近刊	根幹	折衷	折衝
新築	伸縮	斷定	端正	端整
所願	訴願	疏遠	長官	將官
壯觀	家庭	家政	假定	苛政

신(神)의 한 수 한자편

★ PART ★

02

기초한자
1800선

佳 아름다울 가	假 거짓 가	價 값 가	加 더할 가	可 옳을 가	家 집 가	歌 노래 가	街 거리 가	暇 겨를 가
架 시렁 가	各 각각 각	脚 다리 각	角 뿔 각	刻 새길 각	却 물리칠 각	覺 깨달을 각	閣 집 각	干 방패 간
看 볼 간	間 사이 간	刊 책 펴낼 간	姦 간사할 간	幹 줄기 간	懇 정성 간	簡 간략할 간	肝 간 간	渴 목마를 갈
感 느낄 감	敢 감히 감	減 덜 감	甘 달 감	監 볼 감	鑑 거울 감	甲 갑옷 갑	强 강할 강	江 강 강
講 익힐 강	降 내릴 강 항복할 항	剛 굳셀 강	康 편안할 강	綱 벼리 강	鋼 강철 강	個 낱 개	改 고칠 개	皆 모두 개
開 열 개	介 끼일 개	慨 분개할 개	槪 대개 개	蓋 덮을 개	客 손님 객	更 다시 갱 고칠 경	去 갈 거	居 살 거
巨 클 거	擧 들 거	車 수레 거/차	拒 막을 거	據 근거 거	距 떨어질 거	乾 마를 건	建 세울 건	件 사건 건
健 튼튼할 건	乞 빌 걸	傑 뛰어날 걸	儉 검소할 검	劍 칼 검	檢 검사할 검	擊 부딪칠 격	格 격식 격	激 격할 격
隔 사이 뜰 격	堅 굳을 견	犬 개 견	見 볼 견	牽 끌 견	絹 명주 견	肩 어깨 견	遣 보낼 견	決 결정할 결
潔 깨끗할 결	結 맺을 결	缺 이지러질 결	兼 겸할 겸	謙 겸손 겸	京 서울 경	庚 일곱 천간 경	慶 경사 경	敬 공경할 경

景 경치 경	竟 마칠 경	警 경계할 경	鏡 거울 경	頃 잠깐 경	競 겨룰 경	經 글 경	耕 밭 갈 경	輕 가벼울 경
驚 놀랄 경	傾 기울 경	卿 벼슬 경	境 지경 경	徑 지름길 경	硬 굳을 경	季 계절 계	溪 시내 계	界 지경 계
癸 열째 천간 계	計 셀 계	鷄 닭 계	係 이을/맬 계	啓 열 계	契 맺을 계	戒 경계할 계	桂 계수나무 계	械 형틀 계
系 이을 계	繫 맬 계	繼 이을 계	階 섬돌 계	古 옛 고	告 알릴 고	固 굳을 고	故 연고 고	考 생각할 고
苦 쓸 고	高 높을 고	姑 시어머니 고	孤 외로울 고	庫 곳집 고	枯 마를 고	藁 짚 고	顧 돌아볼 고	鼓 북 고
曲 굽을 곡	穀 곡식 곡	谷 골 곡	哭 울 곡	困 괴로울 곤	坤 땅 곤	骨 뼈 골	公 공평할 공	共 함께 공
功 공 공	工 장인 공	空 빌 공	供 이바지할 공	孔 구멍 공	恐 두려울 공	恭 공손할 공	攻 칠 공	貢 바칠 공
果 과일 과	科 과정 과	課 매길 과	過 지날 과	寡 적을 과	誇 자랑할 과	郭 성곽 곽	官 벼슬 관	觀 볼 관
關 관계할 관	冠 갓 관	寬 너그러울 관	慣 버릇 관	管 대롱 관	貫 꿸 관	廣 넓을 광	狂 미칠 광	光 빛 광
鑛 쇳돌 광	掛 걸 괘	塊 흙덩이 괴	壞 무너질 괴	怪 기이할 괴	愧 부끄러울 괴	交 사귈 교	敎 가르칠 교	校 학교 교

橋 다리 교	巧 공교할 교	矯 바로잡을 교	較 견줄 교	郊 성 밖 교	久 오랠 구	九 아홉 구	口 입 구	句 구절 구
救 구원할 구	求 구할 구	究 연구할 구	舊 옛 구	丘 언덕 구	俱 함께 구	具 갖출 구	區 지경 구	懼 두려워할 구
拘 잡을 구	構 얽을 구	球 공 구	狗 개 구	苟 진실로 구	驅 몰 구	龜 거북 귀/구 터질 균	國 나라 국	局 판 국
菊 국화 국	君 임금 군	軍 군사 군	郡 고을 군	群 무리 군	屈 굽을 굴	弓 활 궁	宮 집 궁	窮 다할 궁
勸 권할 권	卷 책 권	權 권세 권	券 문서 권	拳 주먹 권	厥 그 궐	軌 바퀴자국 궤	歸 돌아갈 귀	貴 귀할 귀
鬼 귀신 귀	叫 부르짖을 규	糾 살필 규	規 법 규	均 고를 균	菌 버섯 균	極 지극할 극	克 이길 극	劇 심할/연극 극
勤 부지런할 근	根 뿌리 근	近 가까울 근	僅 겨우 근	斤 도끼 근	謹 삼갈 근	今 이제 금	禁 금할 금	金 쇠 금
琴 거문고 금	禽 날짐승 금	錦 비단 금	及 미칠 급	急 급할 급	給 줄 급	級 등급 급	肯 즐길 긍	其 그 기
基 터 기	己 몸 기	幾 기미 기	技 재주 기	旣 이미 기	期 기약할 기	氣 기운 기	記 기록할 기	起 일어날 기
企 꾀할 기	器 그릇 기	奇 기이할 기	寄 부칠 기	忌 꺼릴 기	旗 기 기	棄 버릴 기	機 틀 기	欺 속일 기

畿 경기 기　祈 빌 기　紀 벼리 기　豈 어찌 기　飢 주릴 기　騎 말 탈 기　緊 팽팽할 긴　吉 길할 길　那 어찌 나

諾 허락할 낙　暖 따뜻할 난　難 어려울 난　南 남녘 남　男 사내 남　納 들일 납　娘 아가씨 낭　乃 이에 내　內 안 내

奈 어찌 내/나　耐 견딜 내　女 계집 녀　年 해 년　念 생각할 념　寧 편안할 녕　怒 성낼 노　努 힘쓸 노　奴 종 노

農 농사 농　惱 괴로울 뇌　腦 뇌 뇌　能 능할 능　尼 중 니　泥 진흙 니　多 많을 다　茶 차 다　丹 붉을 단

但 다만 단　單 홑 단　短 짧을 단　端 끝 단　團 둥글 단　壇 단 단　斷 끊을 단　旦 아침 단　檀 박달나무 단

段 구분 단　達 통달할 달　談 말씀 담　擔 멜 담　淡 맑을 담　答 대답할 답　畓 논 답　踏 밟을 답　堂 집 당

當 마땅 당　唐 당나라 당　糖 사탕 당/탕　黨 무리 당　代 대신할 대　大 큰 대　對 대답할 대　待 기다릴 대　帶 띠 대

臺 대 대　貸 빌릴 대　隊 떼 대　德 덕 덕　刀 칼 도　到 이를 도　圖 그림 도　島 섬 도　度 법도 도 헤아릴 탁

徒 무리 도　道 길 도　都 도읍 도　倒 넘어질 도　塗 진흙 도　導 이끌 도　挑 휠 도　桃 복숭아나무 도　渡 건널 도

盜 훔칠 도　稻 벼 도　跳 뛸 도　逃 달아날 도　途 길 도　陶 질그릇 도　獨 홀로 독　讀 읽을 독 구절 두　毒 독 독

督 살필 독　篤 도타울 독　敦 도타울 돈　豚 돼지 돈　突 갑자기 돌　冬 겨울 동　動 움직일 동　同 같을 동　東 동녘 동

洞 마을 동/통찰 통　童 아이 동　凍 얼 동　銅 구리 동　斗 말 두　豆 콩 두　頭 머리 두　屯 진칠 둔　鈍 무딜 둔

得 얻을 득　燈 등잔 등　登 오를 등　等 무리 등　騰 오를 등　羅 그물 라　樂 즐길 락/풍류 악/좋아할 요　落 떨어질 락　絡 헌솜 락

卵 알 란　亂 어지러울 란　欄 난간 란　蘭 난초 란　濫 넘칠 람　覽 볼 람　浪 물결 랑　郎 사내 랑　廊 복도 랑

來 올 래　冷 찰 랭　掠 노략질할 략　略 다스릴 략　兩 둘 량　凉 서늘할 량　良 어질 량　量 헤아릴 량　梁 들보 량

糧 양식 량　諒 살펴 알 량　旅 나그네 려　勵 힘쓸 려　慮 생각 려　麗 고울 려　力 힘 력　歷 지낼 력　曆 책력 력

練 익힐 련　連 잇닿을 련　憐 불쌍히 여길 련　戀 사모할 련　聯 연이을 련　蓮 연꽃 련　鍊 불릴 련　列 벌일 렬　烈 매울 렬

劣 못할 렬　裂 찢을 렬　廉 청렴할 렴　獵 사냥 렵　令 하여금 령　領 거느릴 령　嶺 재 령　零 떨어질 령　靈 신령 령

例 법식 례　禮 예도 례　隸 종 례　勞 힘쓸 로　老 늙을 로　路 길 로　露 이슬/드러낼 로　爐 화로 로　綠 초록 록

祿 복 록　錄 기록할 록　鹿 사슴 록　論 논할 론　弄 희롱할 롱　賴 힘입을 뢰　雷 우레 뢰　料 헤아릴 료　了 마칠 료

僚 동료 료	龍 용 룡	屢 여러 루	樓 다락 루	淚 눈물 루	漏 샐 루	累 여러/묶을 루	柳 버들 류	流 흐를 류
留 머무를 류	類 무리 류	六 여섯 륙	陸 뭍 륙	倫 인륜 륜	輪 바퀴 륜	律 법 률	栗 밤나무 률	率 비율 률 거느릴 솔
隆 클 룡	陵 큰 언덕 룡	利 이로울 리	李 자두 리	理 다스릴 리	里 마을 리	吏 벼슬아치 리	履 밟을 리	梨 배나무 리
裏 속 리	離 떠날 리	隣 이웃 린	林 수풀 림	臨 임할 림	立 설 립	馬 말 마	磨 갈 마	麻 삼 마
莫 없을 막	幕 막 막	漠 사막 막	晚 늦을 만	滿 가득 찰 만	萬 일만 만	慢 게으를 만	漫 질펀할 만	末 끝 말
亡 망할 망	忙 바쁠 망	忘 잊을 망	望 바랄 망	妄 망령될 망	罔 그물 망	茫 아득할 망	妹 누이 매	每 매양 매
買 살 매	賣 팔 매	埋 묻을 매	媒 중매 매	梅 매화나무 매	麥 보리 맥	脈 줄기 맥	孟 맏 맹	猛 사나울 맹
盟 맹세할 맹	盲 눈멀 맹	免 면할 면	勉 힘쓸 면	眠 잠잘 면	面 낯 면	綿 솜 면	滅 멸할 멸	名 이름 명
命 목숨 명	明 밝을 명	鳴 울 명	冥 어두울 명	銘 새길 명	暮 저물 모	母 어미 모	毛 털 모	侮 업신여길 모
冒 무릅쓸 모	募 모을 모	慕 그리워할 모	某 아무 모	模 법 모	謀 꾀할 모	貌 얼굴 모	木 나무 목	目 눈 목

牧 칠 목	睦 화목할 목	沒 빠질 몰	夢 꿈 몽	蒙 어리석을 몽	卯 토끼 묘	妙 묘할 묘	墓 무덤 묘	廟 사당 묘
苗 모 묘	務 힘쓸 무	戊 다섯째 천간 무	武 굳셀 무	無 없을 무	舞 춤출 무	茂 무성할 무	貿 바꿀 무	霧 안개 무
墨 먹 묵	默 잠잠할 묵	問 물을 문	文 글월 문	聞 들을 문	門 문 문	勿 말 물	物 물건 물	味 맛 미
尾 꼬리 미	未 아닐 미	米 쌀 미	美 아름다울 미	微 작을 미	眉 눈썹 미	迷 미혹할 미	民 백성 민	憫 근심할 민
敏 민첩할 민	密 빽빽할 밀	蜜 꿀 밀	朴 순박할 박	博 넓을 박	拍 칠 박	泊 머무를 박	薄 엷을 박	迫 닥칠 박
半 반 반	反 돌이킬 반	飯 밥 반	伴 짝 반	叛 배반할 반	班 나눌 반	盤 소반 반	般 일반 반	返 돌아올 반
發 필 발	拔 뽑을 발	髮 터럭 발	房 방 방	放 놓을 방	方 모 방	訪 찾을 방	防 막을 방	倣 본뜰 방
傍 곁 방	妨 방해할 방	芳 꽃다울 방	邦 나라 방	拜 절 배	杯 잔 배	倍 곱 배	培 북돋울 배	排 물리칠/밀칠 배
背 등 배	輩 무리 배	配 짝 배	白 흰/아뢸 백	百 일백 백	伯 맏 백	番 차례 번	煩 괴로워할 번	繁 많을 번
飜 필력일/번역할 번	伐 칠 벌	罰 벌할 벌	凡 무릇 범	犯 범할 범	範 법 범	法 법 법	壁 벽 벽	碧 푸를 벽

變 변할 변	辨 분별할 변	辯 말 잘할 변	邊 가 변	別 나눌 별	丙 남녁 병	兵 군사 병	病 병 병	屛 병풍 병
竝 나란히 병	保 지킬 보	報 갚을 보	步 걸음 보	寶 보배 보	普 널리 보	補 도울 보	譜 족보 보	伏 엎드릴 복
復 회복할 복 다시 부	服 옷 복	福 복 복	卜 점 복	腹 배 복	複 겹칠 복	覆 뒤집힐 복	本 근본 본	奉 받들 봉
逢 만날 봉	封 봉할 봉	峯 봉우리 봉	蜂 벌 봉	鳳 봉황 봉	否 아닐 부 막힐 비	夫 지아비 부	婦 며느리 부	富 부유할 부
扶 도울 부	浮 뜰 부	父 아비 부	部 거느릴 부	付 줄 부	副 버금 부	府 마을 부	符 부신 부	簿 장부 부
腐 썩을 부	負 질 부	賦 구실 부	赴 나아갈 부	附 붙을 부	北 북녁 북 달아날 배	分 나눌 분	墳 무덤 분	奔 달릴 분
奮 떨칠 분	憤 성낼 분	粉 가루 분	紛 어지러울 분	不 아닐 불(부)	佛 부처 불	拂 떨 불	朋 벗 붕	崩 무너질 붕
備 갖출 비	比 견줄 비	悲 슬플 비	非 아닐 비	飛 날 비	鼻 코 비	卑 낮을 비	妃 왕비 비	婢 여자종 비
批 칠 비	碑 돌기둥 비	祕 숨길 비	肥 살찔 비	費 쓸 비	貧 가난할 빈	賓 손 빈	頻 자주 빈	氷 얼음 빙
聘 찾아갈 빙	事 일 사	仕 섬길 사	使 부릴 사	史 역사 사	四 넉 사	士 선비 사	寺 절 사	巳 뱀 사

射 쏠 사	師 스승 사	思 생각 사	死 죽을 사	私 사사로울 사	絲 실 사	舍 집 사	謝 사례할 사	似 비슷할 사
司 맡을 사	寫 베낄 사	捨 버릴 사	斜 비낄 사	斯 이 사	査 조사할 사	沙 모래 사	祀 제사 사	社 모일 사
蛇 뱀 사	詐 거짓 사	詞 말씀 사	賜 줄 사	辭 말씀 사	邪 간사할 사	削 깎을 삭	朔 초하루 삭	山 산 산
散 흩어질 산	産 낳을 산	算 셀 산	殺 죽일 살 감할 쇄	三 석 삼	上 위 상	傷 상처 상	商 장사 상	喪 죽을 상
尚 오히려 상	常 항상 상	想 생각 상	相 서로 상	賞 상 줄 상	霜 서리 상	像 본뜰/모양 상	償 갚을 상	嘗 맛볼 상
床 평상 상	桑 뽕나무 상	狀 형상 상 문서 장	祥 상서로울 상	裳 치마 상	詳 자세할 상	象 코끼리 상	塞 변방 새 막을 색	色 빛 색
索 찾을 색 쓸쓸할 삭	生 날 생	序 차례 서	暑 더울 서	書 글 서	西 서녘 서	庶 여러 서	徐 천천히 할 서	恕 용서할 서
敍 펼 서	緒 실마리 서	署 관청 서	誓 맹세할 서	逝 갈 서	夕 저녁 석	席 자리 석	惜 아낄 석	昔 옛 석
石 돌 석	析 가를 석	釋 풀 석	仙 신선 선	先 먼저 선	善 착할 선	線 줄 선	船 배 선	選 가릴 선
鮮 고울 선	宣 베풀 선	旋 돌 선	禪 선 선	舌 혀 설	設 베풀 설	說 말씀 설/달랠 세 기쁠 열	雪 눈 설	攝 당길 섭

涉 건널 섭	城 성 성	姓 성 성	性 성품 성	成 이룰 성	星 별 성	盛 성할 성	省 살필 성 덜 생	聖 성스러울 성
聲 소리 성	誠 정성 성	世 세상 세	勢 기세 세	歲 해 세	洗 씻을 세	稅 세금 세	細 가늘 세	小 작을 소
少 적을 소	所 바 소	消 사라질 소	笑 웃을 소	素 바탕 소	召 부를 소	掃 쓸 소	昭 밝을 소	燒 불태울 소
疏 소통할 소	蔬 나물 소	蘇 소생할 소	訴 하소연할 소	騷 떠들 소	俗 풍속 속	續 이을 속	速 빠를 속	屬 엮을 속
束 묶을 속	粟 조 속	孫 손자 손	損 덜 손	松 소나무 송	送 보낼 송	訟 송사할 송	誦 외울 송	頌 기릴 송
刷 쓸 쇄	鎖 쇠사슬 쇄	衰 쇠할 쇠	修 닦을 수	受 받을 수	壽 목숨 수	守 지킬 수	愁 시름 수	手 손 수
授 줄 수	收 거둘 수	數 셀 수 자주 삭	樹 나무 수	水 물 수	秀 빼어날 수	誰 누구 수	雖 비록 수	須 모름지기 수
首 머리 수	囚 가둘 수	垂 드리울 수	帥 장수 수	搜 찾을 수	殊 다를 수	獸 짐승 수	睡 잘 수	輸 나를 수
遂 이룰 수	隨 따를 수	需 구할 수	叔 아저씨 숙	宿 잘 숙 별자리 수	淑 맑을 숙	孰 누구 숙	熟 익을 숙	肅 엄숙할 숙
純 순수할 순	順 순할 순	巡 돌 순	循 돌 순	旬 열흘 순	殉 따라 죽을 순	瞬 깜짝일 순	脣 입술 순	戌 개 술

術 재주 술	述 지을 술	崇 높을 숭	拾 주울 습/열 십	習 익힐 습	濕 축축할 습	襲 엄습할 습	乘 탈 승	勝 이길 승
承 이을 승	僧 중 승	昇 오를 승	始 처음 시	市 시장 시	施 베풀 시	是 옳을 시	時 때 시	示 보일 시
視 볼 시	詩 시 시	試 시험할 시	侍 모실 시	矢 화살 시	式 법 식	植 심을 식	識 알 식/기록할 지	食 먹을 식/밥 사
息 쉴 식	飾 꾸밀 식	信 믿을 신	新 새 신	申 거듭 신	神 귀신 신	臣 신하 신	身 몸 신	辛 매울 신
伸 펼 신	愼 삼갈 신	晨 새벽 신	失 잃을 실	室 집 실	實 열매 실	心 마음 심	深 깊을 심	甚 심할 심
審 살필 심	尋 찾을 심	十 열 십	雙 쌍 쌍	氏 성씨 씨	兒 아이 아	我 나 아	亞 버금 아	牙 어금니 아
芽 싹 아	雅 우아할 아	餓 굶주릴 아	惡 악할 악	嶽 큰 산 악	安 편안할 안	案 책상 안	眼 눈 안	顔 얼굴 안
岸 언덕 안	雁 기러기 안	謁 뵐 알	巖 바위 암	暗 어두울 암	壓 누를 압	押 누를 압	仰 우러를 앙	央 중앙 앙
殃 재앙 앙	哀 슬플 애	愛 사랑 애	涯 물가 애	厄 재앙 액	額 이마 액	也 어조사 야	夜 밤 야	野 들 야
耶 어조사 야	弱 약할 약	約 약속할 약	若 같을/만약 약	藥 약 약	躍 뛸 약	揚 날릴 양	洋 바다 양	羊 양 양

讓 사양할 양	陽 볕 양	養 기를 양	壤 흙 양	楊 버들 양	樣 모양 양	於 어조사 어	漁 고기잡을 어	語 말씀 어
魚 물고기 어	御 거느릴 어	億 억 억	憶 생각할 억	抑 누를 억	言 말씀 언	焉 어조사 언	嚴 엄할 엄	業 일 업
余 나 여	如 같을 여	汝 너 여	與 줄 여	餘 남을 여	予 나 여	輿 수레 여	亦 또 역	易 바꿀 역 쉬울 이
逆 거스를 역	域 지경 역	役 부릴 역	疫 전염병 역	譯 번역할 역	驛 역참 역	然 그럴 연	煙 연기 연	硏 갈 연
宴 잔치 연	延 끌 연	沿 따를 연	演 펼 연	燃 탈 연	燕 제비 연	緣 인연 연	軟 연할 연	鉛 납 연
悅 기쁠 열	熱 더울 열	閱 검열할 열	炎 불꽃 염	染 물들일 염	鹽 소금 염	葉 잎 엽	榮 영화 영	永 길 영
英 꽃부리 영	迎 맞을 영	影 그림자 영	映 비출 영	泳 헤엄칠 영	營 경영할 영	詠 읊을 영	藝 재주 예	譽 기릴 예
銳 날카로울 예	豫 미리 예	五 다섯 오	午 낮 오	吾 나 오	悟 깨달을 오	烏 까마귀 오	誤 그르칠 오	傲 거만할 오
嗚 슬플 오	娛 즐길 오	汚 더러울 오	屋 집 옥	玉 구슬 옥	獄 옥 옥	溫 따뜻할 온	擁 안을 옹	翁 늙은이 옹
瓦 기와 와	臥 누울 와	完 완전할 완	緩 느릴 완	曰 가로 왈	往 갈 왕	王 임금 왕	外 바깥 외	畏 두려워할 외

要 요긴할 요	搖 흔들 요	腰 허리 요	謠 노래 요	遙 멀 요	欲 하고자 할 욕	浴 목욕할 욕	慾 욕심 욕	辱 욕될 욕
勇 날랠 용	容 얼굴 용	用 쓸 용	庸 쓸 용	于 어조사 우	又 또 우	友 벗 우	右 오른 우	宇 집 우
尤 더욱 우	憂 근심할 우	牛 소 우	遇 만날 우	雨 비 우	偶 짝 우	優 넉넉할 우	愚 어리석을 우	羽 깃 우
郵 우편 우	云 이를 운	運 돌 운	雲 구름 운	韻 운 운	雄 수컷 웅	元 으뜸 원	原 들판/근원 원	圓 둥글 원
園 동산 원	怨 원망할 원	遠 멀 원	願 바랄 원	員 인원 원	援 도울 원	源 근원 원	院 집 원	月 달 월
越 넘을 월	位 자리 위	偉 클 위	危 위태할 위	威 위엄 위	爲 할 위	僞 거짓 위	圍 둘레 위	委 맡길 위
慰 위로할 위	緯 씨 위	胃 밥통 위	衛 지킬 위	謂 이를 위	違 어길 위	唯 오직 유	幼 어릴 유	有 있을 유
柔 부드러울 유	油 기름 유	猶 오히려 유	由 말미암을 유	遊 놀 유	遺 남길 유	酉 닭 유	乳 젖 유	儒 선비 유
幽 검을 유	悠 멀 유	惟 생각할 유	癒 병 나을 유	維 맬 유	裕 넉넉할 유	誘 꾈 유	肉 고기 육	育 기를 육
潤 젖을/윤택할 윤	閏 윤달 윤	恩 은혜 은	銀 은 은	隱 숨길 은	乙 새 을	吟 읊을 음	陰 그늘 음	音 소리 음

飮 마실 음	淫 음란할 음	泣 울 읍	邑 고을 읍	應 응할 응	凝 엉길 응	依 의지할 의	意 뜻 의	矣 어조사 의
義 옳을 의	衣 옷 의	議 의논할 의	醫 의원 의	儀 거동 의	宜 마땅할 의	疑 의심할 의	二 두 이	以 써 이
己 이미 이	異 다를 이	移 옮길 이	而 말 이을 이	耳 귀 이	夷 오랑캐 이	益 더할 익	翼 날개 익	人 사람 인
仁 어질 인	印 도장 인	因 인할 인	寅 동방/범 인	引 끌 인	忍 참을 인	認 알 인	姻 혼인 인	一 하나 일
日 날 일	逸 달아날 일	壬 북방 임	任 맡길 임	賃 빌릴 임	入 들 입	姉 손윗누이 자	子 아들 자	字 글자 자
慈 사랑할 자	者 사람 자	自 스스로 자	刺 찌를 자/척 수라 라	姿 맵시 자	恣 방자할 자	紫 자줏빛 자	玆 이 자	資 재물 자
作 지을 작	昨 어제 작	爵 벼슬 작	酌 따를 작	殘 해칠 잔	暫 잠시 잠	潛 잠길 잠	雜 섞일 잡	場 마당 장
壯 씩씩할 장	將 장수 장	章 글 장	長 길 장	丈 어른 장	墻 담 장	奬 장려할 장	帳 휘장 장	張 베풀 장
掌 손바닥 장	粧 단장할 장	腸 창자 장	臟 내장 장	莊 장중할 장	葬 장사 지낼 장	藏 감출 장	裝 꾸밀 장	障 막을/언덕 장
再 두 재	哉 어조사 재	在 있을 재	才 재주 재	材 재목 재	栽 심을 재	財 재물 재	宰 재상 재	災 재앙 재

裁 마름질할 재	載 실을 재	爭 다툴 쟁	低 낮을 저	著 나타날 저	貯 쌓을 저	底 바닥 저	抵 거스를 저	敵 원수 적
的 과녁 적	赤 붉을 적	適 맞을 적	寂 고요할 적	摘 딸 적	滴 물방울 적	積 쌓을 적	籍 서적 적	績 실 낳을 적
賊 도둑 적	跡 자취 적	傳 전할 전	全 온전할 전	典 법 전	前 앞 전	展 펼 전	戰 싸울 전	田 밭 전
錢 돈 전	電 전기 전	專 오로지 전	殿 전각 전	轉 구를 전	節 마디 절	絶 끊을 절	切 끊을 절/모두 체	折 꺾을 절
竊 훔칠 절	店 가게 점	占 차지할 점	漸 점점 점	點 점 점	接 사귈 접	蝶 나비 접	丁 고무래 정	井 우물 정
停 머무를 정	定 정할 정	庭 뜰 정	情 뜻 정	政 정사 정	正 바를 정	淨 맑을 정	精 정밀 정	貞 곧을 정
靜 고요할 정	頂 정수리 정	亭 정자 정	廷 조정 정	征 칠 정	整 가지런할 정	程 한도 정	訂 바로잡을 정	帝 임금 제
弟 아우 제	祭 제사 제	第 차례 제	製 지을 제	諸 모두 제	除 덜 제	題 제목 제	制 만들/억제할 제	堤 방죽 제
提 끌 제	濟 건널 제	際 사이 제	齊 가지런할 제	兆 조짐 조	助 도울 조	早 일찍 조	朝 아침 조	祖 조상 조
調 고를 조	造 만들 조	鳥 새 조	弔 조상할 조	操 잡을 조	條 가지 조	潮 밀물 조	照 비출 조	燥 마를 조

租 세금 조	組 끈/짤 조	族 겨레 족	足 발/만족 족	存 있을 존	尊 높을 존	卒 군사 졸	拙 옹졸할 졸	宗 마루 종
從 좇을 종	種 씨 종	終 마칠 종	鐘 종 종	縱 늘어질/세로 종	坐 앉을 좌	左 왼 좌	佐 도울 좌	座 자리 좌
罪 허물 죄	主 주인 주	住 살 주	宙 집 주	晝 낮 주	朱 붉을 주	注 물 댈 주	走 달릴 주	酒 술 주
周 두루 주	奏 아뢸 주	州 고을 주	柱 기둥 주	株 그루 주	洲 섬 주	珠 구슬 주	舟 배 주	鑄 불릴 주
竹 대나무 죽	俊 준걸 준	準 법도 준	遵 좇을 준	中 가운데 중	衆 무리 중	重 무거울 중	仲 버금 중	卽 곧 즉
增 더할 증	曾 일찍 증	證 증거 증	憎 미워할 증	症 증세 증	蒸 찔 증	贈 보낼 증	之 갈 지	只 다만 지
地 땅 지	志 뜻 지	持 가질 지	指 손가락 지	支 지탱할 지	枝 가지 지	止 그칠 지	知 알 지	紙 종이 지
至 이를 지	智 지혜 지	池 못 지	誌 기록할 지	遲 늦을 지	直 곧을 직	織 짤 직	職 버슬 직	盡 다할 진
眞 참 진	辰 별 진/신	進 나아갈 진	振 떨칠 진	珍 보배 진	鎭 진압할 진	陣 진칠 진	陳 베풀 진	震 우레 진
質 바탕 질	姪 조카 질	疾 병/빠를 질	秩 차례 질	執 잡을 집	集 모일 집	徵 부를 징	懲 혼낼 징	且 또 차

借 빌 차	次 버금 차	此 이 차	差 다를 차	着 붙을 착	捉 잡을 착	錯 섞일 착	讚 기릴 찬	贊 도울 찬
察 살필 찰	參 참여할 참 석 삼	慘 참혹할 참	慙 부끄러울 참	唱 부를 창	昌 창성할 창	窓 창 창	倉 곳집 창	創 비롯할 창
暢 펼 창	蒼 푸를 창	採 캘 채	菜 나물 채	債 빚 채	彩 무늬 채	冊 책 책	責 맡을 책	策 꾀 책
妻 아내 처	處 곳 처	尺 자 척	戚 겨레 척	拓 열 척 박을 탁	斥 물리칠 척	千 일천 천	天 하늘 천	川 내 천
泉 샘 천	淺 얕을 천	薦 천거할 천	賤 천할 천	踐 밟을 천	遷 옮길 천	鐵 쇠 철	哲 밝을 철	徹 통할 철
尖 뾰족할 첨	添 더할 첨	妾 첩 첩	晴 갤 청	淸 맑을 청	聽 들을 청	請 청할 청	靑 푸를 청	廳 관청 청
體 몸 체	替 바꿀 체	滯 막힐 체	逮 잡을 체	遞 갈릴 체	初 처음 초	招 부를 초	草 풀 초	抄 베낄 초
礎 주춧돌 초	秒 초 초	肖 닮을 초	超 넘을 초	促 재촉할 촉	燭 촛불 촉	觸 닿을 촉	寸 마디 촌	村 마을 촌
總 거느릴 총	聰 총명할 총	銃 총 총	最 가장 최	催 재촉할 최	推 밀 추/퇴	秋 가을 추	追 쫓을 추	抽 뽑을 추
醜 추할 추	丑 소 축	祝 빌 축	畜 가축 축	築 쌓을 축	縮 줄일/오그라들 축	蓄 쌓을 축	逐 쫓을 축	春 봄 춘

出 날 출	充 채울 충	忠 충성 충	蟲 벌레 충	衝 찌를 충	取 취할 취	吹 불 취	就 나아갈 취	臭 냄새 취
趣 달릴 취	醉 취할 취	側 곁 측	測 잴 측	層 층 층	治 다스릴 치	致 이를 치	齒 이 치	値 값 치
恥 부끄러워할 치	置 둘 치	則 법칙 칙 곧 즉	親 친할 친	七 일곱 칠	漆 옻 칠	針 바늘 침	侵 침노할 침	寢 잠잘 침
枕 베개 침	沈 가라앉을 침	浸 담글 침	稱 일컬을 칭	快 쾌할 쾌	他 다를 타	打 칠 타	墮 떨어질 타	妥 온당할 타
卓 높을 탁	托 맡길 탁	濁 흐릴 탁	濯 씻을 탁	彈 탄알 탄	歎 탄식할 탄	炭 숯 탄	誕 태어날 탄	脫 벗을 탈
奪 빼앗을 탈	探 찾을 탐	貪 탐할 탐	塔 탑 탑	湯 끓일 탕	太 클 태	泰 클 태	怠 게으를 태	態 모양 태
殆 위태할 태	宅 집 택/댁	擇 가릴 택	澤 못 택	土 흙 토	吐 토할 토	討 칠 토	統 거느릴 통	通 통할 통
痛 아플 통	退 물러날 퇴	投 던질 투	透 통할 투	鬪 싸움 투	特 특별할 특	波 물결 파	破 깨뜨릴 파	把 잡을 파
播 뿌릴 파	派 갈래 파	罷 벗을 파	頗 자못 파	判 판단할 판	板 널빤지 판	版 판목 판	販 팔 판	八 여덟 팔
敗 패할 패	貝 조개 패	便 편할 편 똥오줌 변	片 조각 편	篇 책 편	偏 치우칠 편	編 묶을 편	遍 두루 편	平 평평할 평

評 평할 평	閉 닫을 폐	幣 비단 폐	廢 폐할 폐	弊 폐단 폐	肺 허파 폐	蔽 덮을 폐	布 베 포	抱 안을 포
包 쌀 포	捕 사로잡을 포	浦 물가 포	胞 태보 포	飽 배부를 포	暴 사나울 폭/포	幅 폭 폭	爆 터질 폭	表 겉 표
標 표할 표	漂 떠다닐 표	票 표 표	品 물건 품	豐 풍년 풍	風 바람 풍	彼 저 피	皮 가죽 피	疲 지칠 피
被 이불 피	避 피할 피	匹 짝 필	必 반드시 필	筆 붓 필	畢 마칠 필	下 아래 하	何 어찌 하	夏 여름 하
河 강 하	賀 하례할 하	荷 멜 하	學 배울 학	鶴 학 학	寒 찰 한	恨 한할 한	漢 한나라/놈 한	閑 한가할 한
限 한계 한	韓 한국 한	旱 가물 한	汗 땀 한	割 벨 할	含 머금을 함	咸 모두 함	陷 빠질 함	合 합할 합
恒 항상 항	巷 거리 항	抗 막을 항	港 항구 항	航 배 항	項 목 항	亥 돼지 해	害 해칠 해	海 바다 해
解 풀 해	奚 어찌 해	該 갖출 해	核 씨 핵	幸 다행 행	行 다닐 행	向 향할 향	鄕 시골 향	香 향기 향
享 누릴 향	響 울릴 향	虛 빌 허	許 허락할 허	憲 법 헌	獻 바칠 헌	軒 추녀 헌	險 험할 험	驗 시험할 험
革 가죽 혁	現 나타날 현	賢 어질 현	懸 매달 현	玄 검을 현	絃 줄 현	縣 고을 현	顯 나타날 현	血 피 혈

穴 구멍 혈	嫌 싫어할 혐	協 화합할 협	脅 옆구리 협	兄 맏/형 형	刑 형벌 형	形 모양 형	亨 형통할 형	螢 반디 형
衡 저울대 형	惠 은혜 혜	兮 어조사 혜	慧 슬기로울 혜	乎 어조사 호	呼 부를 호	好 좋을 호	戶 집 호	湖 호수 호
虎 범 호	號 부를 호	互 서로 호	毫 터럭 호	浩 클 호	胡 오랑캐 호	護 보호할 호	豪 호걸 호	或 혹 혹
惑 미혹할 혹	婚 혼인할 혼	混 섞을 혼	昏 어두울 혼	魂 넋 혼	忽 갑자기 홀	紅 붉을 홍	弘 클 홍	洪 넓을 홍
鴻 기러기 홍	化 될 화	和 화할 화	火 불 화	畫 그림 화	花 꽃 화	華 빛날 화	話 이야기 화	貨 재물 화
禍 재앙 화	禾 벼 화	擴 넓힐 확	確 굳을 확	穫 거둘 확	患 근심 환	歡 기쁠 환	丸 둥글 환	換 바꿀 환
環 고리 환	還 돌아올 환	活 살 활	皇 임금 황	黃 누를 황	況 하물며 황	荒 거칠 황	回 돌 회	會 모일 회
悔 뉘우칠 회	懷 품을 회	劃 그을 획	獲 얻을 획	橫 가로 횡	孝 효도 효	效 본받을 효	曉 새벽 효	厚 두터울 후
後 뒤 후	侯 제후 후	候 기후 후	訓 가르칠 훈	毀 헐 훼	揮 휘두를 휘	輝 빛날 휘	休 쉴 휴	携 끌 휴
凶 흉할 흉	胸 가슴 흉	黑 검을 흑	吸 마실 흡	興 일 흥	喜 기쁠 희	希 바랄 희	戲 놀이 희	稀 드물 희

신(神)의 한 수
한자편